1. Дивіться, що тато й мама купили!
   Вони купили нове авто.
2. — Тарасе! — гукає Петро. — Дивись, де Мурко спить.
3. Це дуже гарне авто.
   Я хочу дивитися у вікно.
4. — Ти сідай біля мами, Лесю.
   А ти, Петре, сідай біля тата.
5. Яке мале порося!
   Воно їсть! Воно їсть капусту.
6. Сиди тихо біля котика.
   Котик умивається.

Вправи до стор. 8-9. Прочитати й написати у відповідному квадраті число речень.

Леся коло хати й Тарас біля хати.

Це коло.   Коло біля.

1. Він коло хати.
2. М'яч летить у коло.
3. Це велике коло.
4. Я тут коло баби.
5. Оленка біжить у коло.
6. Леся скаче коло крамниці.
7. Тепер діти, йдіть у коло.
8. Забавки коло школи.
9. Він кидає м'яч у коло.
10. Візок коло діда.
11. Можна сидіти коло Мурка.
12. Романе, нарисуй мені коло.

Вправи до стор. 8-9. Сдово ,,коло'' іноді вживають у значенні ,,біля''. ,,Коло'' має два значення. Поставити у квадратах ч. 1 або 2 - залежно від значення слова ,,коло''.

| дивись | дивіться | дивитися |

1. Я хочу _____ на фільм про мишку.
2. _____, Оленко, що мама несе!
3. _____, хлопці, куди жаба скаче!
4. Там не можна _____ у вікно!
5. Тепер ми хочемо _____ на нове авто!
6. _____, яке гарне авто, Петре!
7. — _____, діти! — гукає тато.

| купив | купила | купили |

1. Ми _____ нове авто.
2. Мама _____ нам чоботи.
3. Чи ти, Романе, _____ мені олівець?
4. Діти _____ книжки.
5. Тато _____ дуже гарне авто.
6. Пані Козак _____ гарбуз.
7. Дід і тато _____ забавки.

Вправи до стор. 8-9. Написати на порожньому місці відповідне слово.

Іменини чи день народження?

— Сьогодні день Віри, — каже Віра. — Моє ім'я Віра. Сьогодні мої іменини. Чи будуть у нас гості на мої іменини?

— Ні, Віро, — каже мама. — Я спекла пиріг на твої іменини, а на твій день народження я спечу торт. І тоді прийдуть гості.

Нарисуй:

Торт

Пиріг

Подарунки

Вправи до стор. 10-13. Прочитати й нарисувати вище згадані речі.

він	вона	воно	вони
дівчина	зуби	вікно	баба
рукавиці	риба	сніжки	масло
морозиво	котик	крейда	кляса
дошка	авто	порося	пиріг
дзвінок	вовк	зайчик	поросята
книжки	хліб	сніжка	дощ
ґудзик	очі	книжка	забавки
коржики	жаба	торт	молоко
капуста	Віра	гарбуз	діти
подарунки	візок	чоботи	місто

Вправи до стор. 10-13. Написати подані слова під займенниками, до яких вони стосуються.

1. Котик має шапку. Яка в котика _____ шапка.	смішний смішна
2. У Юрка _____ рукавиці. Він іде надвір бавитися.	гарна гарні
3. Тарас малює. У Тараса _____ котик.	смішний смішна
4. Віра малює квіти. Ці квітки _____ й жовті.	червона червоні
5. Оленко, що ти малюєш? — Я _____ вікно, — каже Оленка.	малює малюю
6. Хлопці біля дерева. Вони _____ хату.	будую будують

Вправи до стор. 15-16. Написати на порожньому місці відповідне подане слово.

1. Ляля має _____ чоботи.
   (червоний, червона, червоне, червоні)
2. Дивись, яка велика _____ жаба.
   (зелений, зелена, зелене, зелені)
3. Моя квітка _____ .
   (жовтий, жовта, жовте, жовті)
4. Там _____ візок.
   (зелений, зелена, зелене, зелені)
5. Оленка їсть _____ масло.
   (жовтий, жовта, жовте, жовті)
6. _____ книжка на візку.
   (червоний, червона, червоне, червоні)
7. У Петра _____ рукавиці.
   (зелений, зелена, зелене, зелені)
8. Дивись на _____ авто.
   (червоний, червона, червоне, червоні)
9. Тарас хоче малювати _____ чоботи.
   (жовтий, жовте, жовта, жовті)
10. Хто малює те _____ дерево?
    (зелений, зелена, зелене, зелені)
11. Він має _____ літак.
    (червоний, червона, червоне, червоні)
12. Де та велика _____ капуста.
    (зелений, зелена, зелене, зелені)

він

червоний
зелений
жовтий

вона

червона
зелена
жовта

воно

червоне
зелене
жовте

вони

червоні
зелені
жовті

Вправи до стор. 15-16. Написати на порожньому місці відповідне слово.

мої мій моє	гарне гарна гарні	малює малюєш малюю	зелене зелена зелені
день народження подарунки іменини	будують буду будую	веселка велика велику	твої твоя моя
біля ім'я мав	завтра дерева квітка	нас ви нове	дивитися квітки купили
жовті жовта дуже	смішний смішна шапка	вікно дерево день	червона шапку червоні
діда Лялі діду	малювати така сьогодні	гукає сиди сидить	торт яка яке

Перевірка знання слів. Вправи після стор. 16. Вказівки на стор. 73.

Риба пливе сюди.
Поможи мені ловити рибу.

Тато й дід сідають у човен.
Петро стоїть біля мами.

Сірку, не лізь у човен!
Ми всі будемо сідати тут.

Поможи мені! Моя Ляля падає.
Хлопці бавилися у воді.

Яке велике озеро!
Завтра Юрко хоче йти ловити рибу.

Вправи до стор. 17-19. Підкреслити те речення, що змістом найкраще відповідає рисункові.

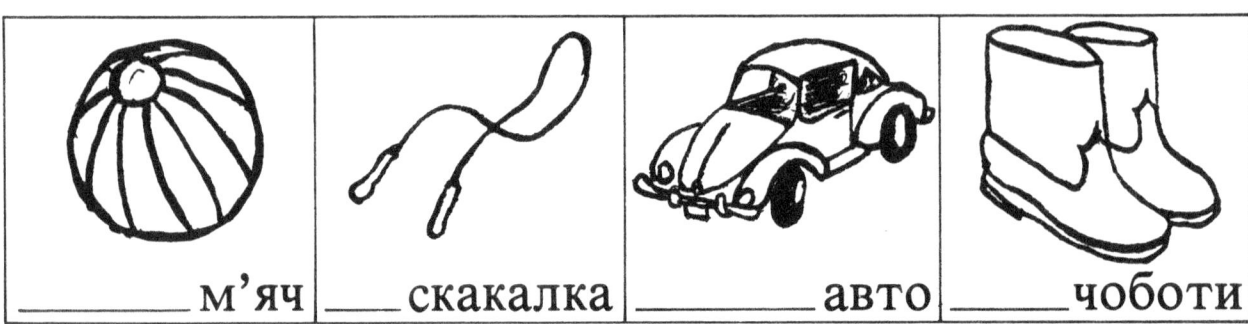

| мій | моя | моє | мої |

_____ м'яч   _____ скакалка   _____ авто   _____ чоботи

1. Сірко хоче дивитися у _____ вікно.
2. — Сьогодні _____ іменини, — каже дід.
3. _____ хата буде велика й гарна.
4. _____ день народження буде завтра.
5. — Де _____ подарунки? — питає Віра.
6. Баба спекла торт на _____ день народження.
7. Мамо! Роман сів у _____ авто!
8. Леся несла _____ книжки.
9. — _____ човен пливе швидко, — каже Тарас.
10. Ця книжка не _____! — гукає Оленка.
11. Юрко має _____ рукавиці.
12. _____ шапка дуже велика.
13. — Не лізь у _____ човен! — кричить Тарас.
14. _____ і'мя Юрко.

Вправи після стор. 19. Написати на порожньому місці відповідний поданий займенник.

1. Леся має _____ суконку.
   (жовта   жовту)

2. У Оленки гарна _____ .
   (суконка   суконку)

3. Яка _____ вода в озері!
   (синя   синє)

4. Час іти _____ тато вже їде.
   (що   бо)

5. У _____ гарна квітка!
   (Віра   Віри)

6. Тато купив _____ авто.
   (синя   синє)

7. Я хочу _____ нову суконку.
   (одягнути   одягнутися)

8. Що ти _____ Мурку?
   (робить   зробив)

9. _____ , Тарасе!
   (Поможіть   Почекай)

10. Де мій _____ , мамо?
    (подарунок   подарунки)

Вправа до стор. 20-21. Написати на порожньому місці відповідне слово.

1. У Віри нова   зробив.

2. Прошу одягнути   одягни суконку.

3. Дивіться, що Сірко   чоботи.

4. Подарунок уже   синя суконка.

5. Лесю,   заплакала Леся.

6. — Дивіться на Сірка, —   в авті.

7. Зачекай, бо   можна одягнути.

8. Поможи мені   до Віри.

9. Нову суконку   я вже йду.

10. Тато зробив   одягнутися.

11. Ми всі йдемо   жовту суконку.

12. Леся має нову   нам плотик.

Вправи до стор. 20-21. Провести лінію від початку речення до відповідного закінчення. Відповіді на стор. 73.

1.	— Мамо, чи сьогодні мій день народження? — Так, діти _____ подарунки.	принесли поможіть
2.	— Оленко! — каже Леся.— Сьогодні у _____ день народження.	Віра Віри
3.	Які гарні _____ ! Та забавка від Оленки.	забавки забавка
4.	Ми їдемо до діда. Завтра у _____ іменини.	дід діда
5.	Лесю! Не добре стояти. _____ тут біля мене.	сідай сідайте
6.	— Я також хочу так робити, — каже Петро. Ні, не треба. Я вже сам _____ .	робити зробив
7.	Це цукорки від Тараса. Дякую за цукорки, _____ !	Тарасе Тараса
8.	Дякую за подарунки. Ви _____ гарні подарунки.	принесли нести

Вправи після стор. 25. Написати на порожньому місці відповідне слово.

озеро озері зелене	будь буде будуть	нова нову нове	одягнути одягнутися одягни
бо вам іду	воді рибу лізь	синє синя санки	почекай заплакала принесли
велика велике велику	будуть хочемо будемо	падає пливе питає	поможіть сідають сідайте
день авті човен	жовту жовта жовті	робити зробив рятуйте	суконку суконка забавка
буде будь будуть	вірш Віри Віра	стояти скакати співати	подарунки цукорки подарунок

Перевірка знання слів. Вправи після стор. 25.
Вказівки на стор. 73.

___ — Ходіть! — каже Оленка. — Я буду скакати а ви гойдайтеся.

___ — Ми хочемо йти також! — кажуть Леся й Віра.

___ — Це моя нова скакалка, — каже Оленка. — Я йду на майданчик скакати.

___ — Дивись, Романе! — кричить Тарас. — Там ідуть Богдан і Юрко.

___ Роман і Тарас кидали м'яч на майданчику.

___ — Богдане! Юрку! — гукає Тарас.— Ходіть із нами гратися в бейсбол!

___ Хлопці йдуть на майданчик бавитися.

___ Богдан несе м'яч, а Юрко несе рукавиці.

___ Юрко кидає м'яч, Тарас ловить, а Богдан буде бити.

___ — Гарно! Ти гарно співаєш, — каже баба.

___ — Сідайте тут, бабо, а я буду стояти там і співати, — каже Леся.

___ Бабо, ходіть сюди! Я хочу співати вам, — каже Леся.

Вправи до стор. 26-30. Прочитати речення й написати числа за порядком розвитку дії.

1. Юрко кричить: — Богдане! _____ м'яч! Богдан _____ м'яч, а Юрко побіг ловити. Хлопці _____ м'яч надворі, а дівчата гойдалися.	кидали кидай кинув
2. Діти у школі. Вони будуть малювати. — Прошу _____, — каже пані Козак. — Оленко, _____ біля мене, — каже Леся. — Там не можна _____. Юрко й Роман там _____. Тарас хоче також _____.	сідати сідай сідайте сідає сідають
3. Ми _____ малювати. Я _____ також малювати. Хлопці _____ малювати велику хату. _____ тихо, Петре! Не можна малювати.	будь буду буде будемо будуть

Вправи після стор. 30. Написати на порожньому місці відповідне слово.

1. Я бачу _____ в хаті.
   _____ принесла цукорки.
   (тітка   тітку)

2. _____ купив цукорки для нас.
   Вони сідають біля _____ .
   (дядька   дядько)

3. Літак летить! Гості вже _____ .
   Тепер вони _____ до хати.
   (їдуть   йдуть)

4. Тарас _____, бо дядько їде.
   Леся _____, бо тітка їде.
   (весела   веселий   веселі)

5. Ходіть сюди до _____ .
   Ні. Ми хочемо йти туди до _____ .
   (нас   них)

6. Ми вже _____ літак.
   Я _____ тітку й дядька.
   (бачу   бачимо)

7. Літак _____ летить.
   Тепер він _____ .
   (сідає   швидко)

Вправи до стор. 31-33. Написати на порожньому місці відповідне слово, подане в дужках.

Хто каже:

1. Му-у-у!
2. Кукуріку!
3. Бе-е-е!
4. Кудкудак!
5. Ціп-ціп-ціп!
6. Хрю-хрю!
7. Ґел-ґел-ґел!
8. Гав-гав!
9. Ква-ква!
10. Няв-няв!

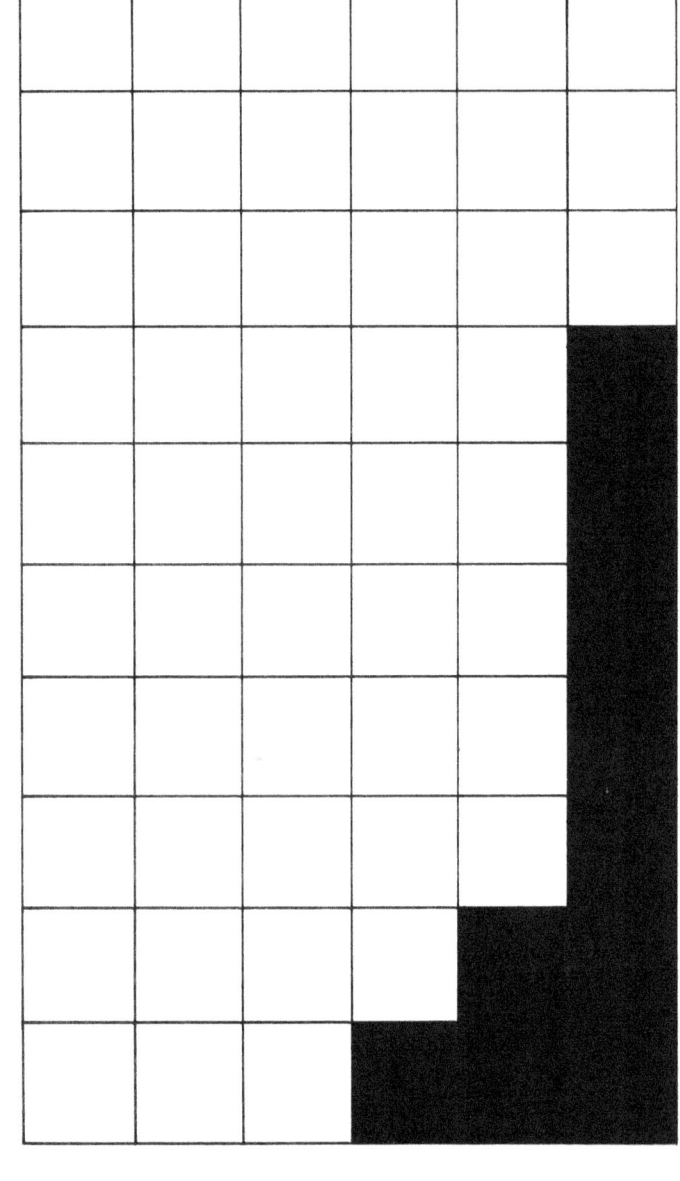

песик	курча	індик	свиня
курка	кіт	жаба	
корова	півень	козеня	

Вправи після сторінки 31.
Хрестиківка. Вписати слова, що відповідають на питання 1-10 у відповідну клітку.

зелене дерево	червона квітка	гарна суконка	велика риба
майданчик	смішна шапка	синє озеро	білий човен
цукорки	город	чорна корова	свиня
ягня	вікно	поросята	соняшник
торт	трактор	бейсбол	подарунки

Вправи після стор. 39. Нарисувати відповідні картинки в квадратах.

На фармі корова дає молоко. Молочар приносить молоко. Вони пішли купити молока.	
Дід і баба живуть на фармі. У місті молочар приносить молоко. Ми купуємо цукорки.	
Дід їде в авті. На фармі багато поросят. У діда новий трактор.	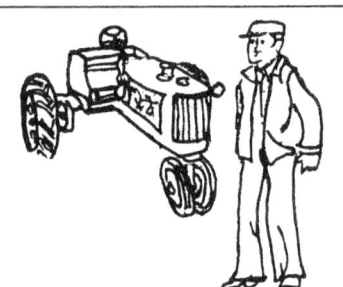
Той білий кінь для Тараса. Той чорний кінь для Тараса. Той чорний кінь для Лесі.	
Леся їде верхи. Дядько Іван їде верхи. Петро їде верхи також.	
Звідки купуєте молоко? Який гарний трактор! Вже йдуть корови додому.	

Вправа до стор. 37-39. Підкреслити те речення, що змістом найкраще відповідає рисункові.

дядьку дядька дядько	веселий весела веселі	чорний гарний новий	майданчик майданчику кидайте
таке той твій	вами нами раді	чи ну як	гойдалися гойдатися гойдайтеся
верхи ходи хрю-хрю	корова добра корови	живуть ходіть хрюкає	молочар трактор поросят
п'ють який граєте	скільки кидали звідки	пішли були бути	приїхали побачити приносить
обідає обідають бейсбол	е-ле-ле геть цур	їдуть йдуть кличе	купуємо купуєте бачити

Вправи після стор. 39. Перевірка знання слів.
Вказівки на стор. 74.

Вправи до стор. 40-42. Написати на порожньому місці відповідні прикметники.

соняшник	соняшники

курка	яйця	майданчик
корови	кури	подарунки
суконка	город	поросята
індики	кінь	подарунок
дівчата	яйце	цукорки
хлопці	корова	курчата
порося	півень	дівчина
хлопець	квітки	

Вправи по стор. 42. Написати подані слова в однині чи в множині там, де вони стосуються.

1. Тітка хотіла   росли маки.
2. Мама й баба   побачити город.
3. Тітка хоче побачити   дуже гарний
4. Леся заспівала   сині квіти.
5. Ми будемо   пішли на город.
6. На городі   про маки.
7. Твій город   їсти горох.

1. Жаба їсть   великий.
2. Соняшник дуже   червоні квіти.
3. Зелена жаба   город!
4. Там росли жовті   комарі й мухи.
5. Леся гарно   соняшники.
6. Маки — це   скаче.
7. Який великий   заспівала.

Вправи до стор. 46-48. Провести лінію від початку речення до відповідного закінчення. Відповіді на стор. 74.

1. Що ти хочеш _____ ?	купуєте
2. Ми _____ забавки?	купила
3. Що ви _____ на іменини?	купити
4. Він _____ новий трактор.	купуємо
5. Що мама _____ тобі?	купив

1. Вони _____ їхати до діда.	хоче
2. Ми _____ подарунки.	хочемо
3. Василь _____ торт.	хочеш
4. Що Леся _____ ?	хотіла
5. А що ти _____ ?	хочуть

1. — _____ додому, — каже тато.	йдіть
2. Вони вже _____ з нами.	йдуть
3. Прошу _____ до крамниці.	ідімо
4. Куди ми тепер _____ ?	ідемо

1. Тарас тепер _____ .	обідати
2. Вони всі _____ .	обідає
3. Чи ти хочеш _____ ?	обідають

1. Хлопці хочуть _____ надворі.	бігав
2. Віра швидко _____ надвір.	біжи
3. Хто тепер _____ так швидко?	біжить
4. Не _____ туди, Романе.	побігла
5. Він _____ по майданчику.	бігати

Вправи після стор. 48. Написати на порожньому місці відповідне дієслово.

☐ Їхали, їхали аж сонце зайшло.
☐ — Час обідати, — каже баба.
☐ Після обіду поїхали додому.

☐ Вони принесли моркву до авта.
☐ Там вони бачили горох і моркву.
☐ Леся й Тарас пішли на город.

☐ Вони принесли городину з городу.
☐ Баба й тітка пішли на город.
☐ Вони будуть брати городину до міста.

☐ — До побачення! — гукали всі.
☐ Вони поїхали до міста.
☐ Дивись на світлофор у місті.

☐ Леся несла сир, масло, хліб і яйця.
☐ Вони їдуть додому.
☐ Уже всі в авті.

☐ Вони поїхали до міста.
☐ Вони приїхали додому.
☐ Сідай біля мами, Петре.

Вправи до стор. 49-54. Прочитати речення й написати числа за порядком розвитку дії.

1. Він _____ біля хати.
2. Мама _____ вдома.
3. Діти _____ в школі.
(сиділа   сиділи   сидів)

1. Роман _____ із Петром.
2. Дівчата _____ про поросята.
3. Пані Козак _____ до дітей.
(говорили   говорив   говорила)

1. Порося _____ на дерево.
2. М'яч _____ угору.
3. Вони _____ додому.
(летів   летіли   летіло)

1. Вона _____ у вікно.
2. Сірко _____ на жабу.
3. Козеня _____, як діти бавилися.
(дивилося   дивилася   дивився)

1. Хлопці _____ на фармі.
2. Жаба _____ в городі.
3. Кіт _____ на дереві.
(спала   спав   спала)

Вправи до стор. 49-54. Написати на порожньому місці відповідне дієслово.

кури курчата кудкудак	поїдемо приїдемо приїдьте	сидів стояв слухав	побігли побігла побачив
півень комарі мухи	вийшла гукали сиділа	йдіть ідемо їхали	горох сир поле
світла міста світлофор	соняшник соняшники сонце	пішов зайшло спала	говорив говорили заспівала
городину города городі	поїхали сміється будете	смішне свіжі свіже	яйце яйця маки
ай по все	темно весело великий	маєш тебе була	росли маки брати

Вправи після стор. 54. Перевірка знання слів.
Вказівки на стор. 74.

1. Коні живуть у місті.	так	ні
2. Коли сонце зайшло, було темно.	так	ні
3. На городі росли поросята.	так	ні
4. Соняшники — червоні квіти.	так	ні
5. Леся дуже гарно співала.	так	ні
6. Молочар приносить молоко.	так	ні
7. Корова хрюкає: ,,Хрю-хрю!''	так	ні
8. Індики кажуть: ,,Кудкудак''	так	ні
9. На фармі свіже повітря.	так	ні
10. Уранці треба будити маки.	так	ні
11. Поросята летять до міста.	так	ні
12. Світлофор каже всім, що робити.	так	ні
13. Якщо світло зелене, можна йти.	так	ні
14. Червоне світло каже: ,,Швидко йди!''	так	ні
15. Горох можна їсти.	так	ні
16. Чоботи росли на городі.	так	ні
17. Жаба їсть комарі.	так	ні
18. Тарас — шкільний патруль.	так	ні
19. У світлофорі три світла.	так	ні
20. Авта їдуть на зелене світло.	так	ні

Вправи до стор. 58. Підкреслити правильну відповідь.

1. Ми поїдемо додому   хліб з маслом.

2. Баба несла горох   завтра.

3. Оленка буде їсти   що треба робити.

4. Дядько побачив   з города.

5. Леся сиділа   коні на фармі.

6. Дід дивився   біля тітки.

7. Світлофор каже,   далеко на поле.

8. Червоне світло каже,   Петра.

9. Тарас тільки   скаче далеко.

10. Треба будити   не їхати.

11. Як сонце зайшло   є гарні квіти.

12. Зелена жаба   шкільний патруль.

13. На городі росли   було темно.

14. Червоні маки   морква й горох.

Вправи після стор. 58. Провести лінію від початку речення до відповідного закінчення. Відповіді на стор. 74.

Листоноша несе лист. Тато працює на пошті.	
Тато купив фільм про пошту. Діти дивилися на фільм.	
Листоноша несе лист до тата. Сірко несе лист до тата.	
Сірко дивиться на світлофор. Світлофор каже, що робити.	
Тарас — шкільний патруль. Світлофор каже нам їхати.	
Листоноша йде на пошту. Фільм показує листоноша.	
У клясі діти дивилися на фільм. Леся читала книжку у клясі.	

Вправи до стор. 62. Підкреслити те речення, що змістом найкраще відповідає рисункові.

1. Тато працює на _____ .
   Тут _____ дуже велика.
   Ми йдемо на _____ .
   (пошта   пошті   пошту)

2. У _____ діти дивилися на фільм.
   Юрко кинув м'яч на _____ .
   Це перша _____ .
   (кляса   кляси   клясі)

3. Що Віра тобі _____ ?
   Добре, _____ мені вірш про порося.
   Чи можу я _____ щось про листоношу?
   (сказати   каже   кажи)

4. Сірко несе лист до _____ .
   Що _____ робить тепер?
   Чи можна йти до міста _____ ?
   (тату   тато   тата)

5. _____ що ти нарисувала.
   Він _____ фільм про поросята.
   Чи ти хочеш _____ город?
   (показує   покажи   показати)

6. Вони _____ іти на пошту.
   Тепер _____ іти.
   Він _____ йти на майданчик.
   (може   можуть   можеш)

Вправи до стор. 62. Написати на порожньому місці відповідне слово.

	шапка	
_____ 🧢 _____ тут.	Я маю _____ 🧢 _____ .	
_____ тут.	Я маю _____ .	

	риба	
Я бачу _____ 🐟 _____ .	_____ 🐟 _____ у воді.
Я бачу _____ .	_____ в воді.

	школа	
_____ 🏫 _____ велика.	Я йду в _____ 🏫 _____ .
_____ велика.	Я йду в _____ .

	скакалка	
Дай мені _____ 🪢 _____ .	_____ 🪢 _____ гарна.
Дай мені _____ .	_____ гарна.

	жаба	
Там зелена _____ 🐸 _____ .	Я бачу _____ 🐸 _____ .
Там зелена _____ .	Я бачу _____ .

	книжка	
Він читає _____ 📖 _____ .	_____ 📖 _____ в школі.
Він читає _____ .	_____ в школі.

	хата	
_____ 🏠 _____ в місті.	Я маю _____ 🏠 _____ .
_____ в місті.	Я маю _____ .

	фарма	
Я їду на _____ 🏘️ _____ .	_____ 🏘️ _____ там далеко.
Я їду на _____ .	_____ там далеко.

Вправи після стор. 62. Написати на порожньому місці відповідну форму слова.

1. дантиста — зуби
2. риба — вода
3. город — городина
4. кінь — фарма
5. день народження — подарунки
6. листоноша — лист
7. дівчина — тітка
8. кури — курчата
9. дядько — суконка

1. квітка — червона
2. жаба — зелена
3. торт — великий
4. дядько — веселий
5. яйця — свіжі
6. кінь — чорний
7. озеро — синє
8. ягня — мале
9. дівчата — гарні

Вправи після стор. 65. Провести лінію до споріднених слів 1-9.
Провести лінію від іменника з прикметником.

34

1. В Оленки _____ зуб.
   Петро _____ у воду.
   (впав   випав)

2. Діти! Прошу _____ на фільм.
   — _____ на зуби, — каже дантист.
   (дивіться   подивіться)

3. Листоноша _____ багато дівчат.
   Він _____ щось на майданчику.
   (побачив   бачить)

4. Що ви будете _____ до школи?
   _____ собі щось із кошика.
   (бери   брати)

5. Тарас та Оленка _____ до дантиста.
   Вони _____ на фарму.
   (прийшли   приїхали)

6. _____ нести гарбуз.
   Я не _____ їхати на фарму.
   (можу   поможи)

7. Вона _____ у крісло.
   Леся _____ в авті.
   (сіла   сиділа)

8. Я не _____, що я маю.
   _____ щось про листоношу.
   (скажи   скажу)

Вправи після стор. 65. Написати на порожньому місці правильне дієслово.

ви   вас   вам   вами

1. Ми поїдемо з _____ .
2. Чи _____ бачити літак?
3. Я хочу дати _____ їсти.
4. Вони _____ там бачуть.
5. _____ тут добре на фармі.
6. Ми поїдемо з _____ до баби.
7. Чи у _____ є морозиво?
8. Що _____ там показували?

ми   нас   нам   нами

1. Чи _____ поїдемо до тітки в гості?
2. Ходіть до міста з _____ .
3. Подивіться на _____ .
4. _____ тут добре на фармі.
5. До _____ прийшла медсестра.
6. _____ показували дітям фільм.
7. Оленка хоче бути з _____ .
8. Чи ти хочеш дати _____ їсти?

я   ти   він   вона   вони

1. Куди _____ їдуть?
2. — _____ пішов до міста.
3. _____ хочу їсти.
4. Куди _____ їдеш, Тарасе?
5. _____ хоче їсти коржик.

Вправи після стор. 68. Написати на проржньому місці правильні займенники.

1. Він _____ скільки я хочу.	випав
2. Тарас _____ лист від мами.	бери
3. Вони _____ молоко до міста.	бути
4. Що ти хочеш мені _____?	знає
5. Що треба робити, щоб ___ здоровим?	бере
6. Не _____ листа з кошика.	показували
7. Діти _____, що тітка говорила?	сказати
8. В Оленки _____ зуб.	везуть
9. Вони _____ фільм.	слухали

1. Діти _____: — Ха-ха-ха!	сіла
2. Він _____ скільки годин треба спати.	сядь
3. Юрко _____ з Мурка.	прийшли
4. Тітка _____ до нас у гості.	чистиш
5. Чи ти будеш _____ зуби?	знає
6. Леся _____ у човен.	засміялися
7. Вони _____ до дядька в гості.	сміється
8. _____ у крісло, Оленко.	чистити
9. Ти добре _____ чоботи.	прийшла

Вправи після стор. 70. Написати на порожньому місці відповідне дієслово.

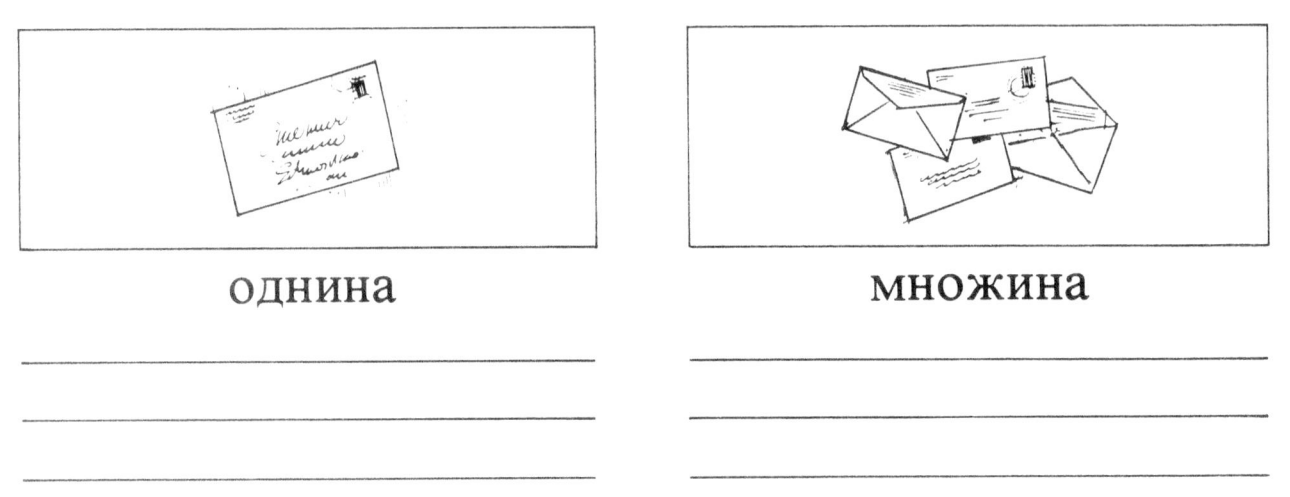

однина	множина

листоноша	крісло	світло
медсестра	мухи	сонце
соняшники	листи	коні
помічники	зуб	години
світлофор	світла	кошик
станція	патруль	комарі
маки	дантист	пошта
соняшник	зуби	лист

Вправи після стор. 70. Написати подані слова, до чого вони стосуються, в однині чи в множині.

листоноша листоношу громадські	дантист дантиста докторе	пошта пошту пошті	бери бере бути
буди бути будити	скажу кажи можуть	підношу випав помічники	показували подивіться показувати
везуть другий клясі	засміялися здоровими здорові	стоп сіла один	щось собі наш
спіши випав написано	прийшла слухали прийшли	медсестра чоловіка крісло	патруль годин дітям
дощечку шкільний перший	сказати працює виросте	одинадцять двадцять червоне	руку якій такі

Вправи після стор. 70. Перевірка знання слів.
Вказівки на стор. 75.

Сьогодні надворі вітер.
Вітер ніс змія.
Змій полетів високо!

Хлопці бавилися на майданчику.
Біля майданчика є зелене дерево.
Пожежник соїть біля дерева.

Там пожежна станція.
Біля станції є поліцист і авто.
Василь біжить до авта.

Оленка має змія.
Вона біжить, а змій летить високо.
Леся дивиться на змія.

Вправи до стор. 72-73. Прочитати й нарисувати відповідний рисунок.

1. Поліцист нам   молоко.
2. Дантист дивився   листи.
3. Молочар приносить   на зуби.
4. Медсестра казала,   поможе.
5. Листоноша приносить   що треба їсти.

1. Пожежна станція   змія з дерева.
2. Пожежне авто   —Не лізь на дерево.
3. Пожеженик дістав   приїхало скоро.
4. Змій полетів   недалеко від майданчика.
5. Поліцай каже: далеко в поле.

1. Надворі сьогодні   на дерево.
2. Діти бігали   по радіо.
3. Не лізь   дістав змія.
4. Поліцист говорив   вітер.
5. Пожежник   надворі.

Вправи після стор. 73. Провести лінію від початку речення до відповідного закінчення.
Відповіді на стор. 75.

тут	т а м	дівчина	☐☐☐☐☐☐
мама	☐☐☐	тітка	☐☐☐☐☐
дід	☐☐☐☐	фарма	☐☐☐☐☐
пан	☐☐☐	ловить	☐☐☐☐☐
він	☐☐☐	питає	☐☐☐☐
мій	☐☐☐	стояти	☐☐☐☐☐
на	☐☐☐	курка	☐☐☐☐
сіла	☐☐☐☐☐	чорний	☐☐☐☐☐
нас	☐☐☐	сидів	☐☐☐☐☐
мені	☐☐☐☐	сьогодні	☐☐☐☐☐
нами	☐☐☐		

там	дай	кидає
встала	вами	стояв
сидіти	завтра	вона
вас	дядько	каже
білий	пані	півень
хлопець	твій	тобі
тато	баба	місто

Вправи після стор. 73. Написати у квадратиках подані протилежні слова.

Хто я?

1. Я працюю на пошті.
   Я беру торбу й листи.
   Я розношу листи.
   Я _____

   пожежник
   поліцист   листоноша

2. Я їду пожежним автом.
   На авті драбина.
   Я можу лізти високо
   на дерево або будинок.
   Я _____

   поліцист
   пожежник   пекар

3. Я розношу молоко.
   Я також розношу сир,
   масло й сметанку.
   Мені привозять молоко
   з фарми.
   Я _____

   листоноша
   молочар   пожежник

4. Я їду автом.
   Я говорю по радіо в авті.
   Я помагаю дітям.
   Я _____

   поліцист
   пожежник   дантист

5. Я працюю в школі.
   Я дивлюся, чи у дітей
   здорові зуби.
   Я кажу їм, що треба
   їсти, щоб бути здоровим.
   Я _____

   пекар
   дантист   медсестра

6. Я дивлюся на зуби.
   Я дивлюся чи зуби чисті.
   Я кажу, що треба робити,
   щоб зуби були здорові.
   Я _____

   пекар
   дантист   медсестра

Вправи після стор. 74. На порожньому місці написати одне з поданих слів, що правильно відповідає на питання.

він	вона	воно	вони
___	___	___	___
___	___	___	___
___	___	___	___

1. Козеня <u>веселе</u>, бо може забити ґол.
2. Усі можуть їхати, бо човен <u>великий</u>.
3. Твоя шапка дуже <u>гарна</u>.
4. Футбол — це <u>добра</u> гра.
5. Я бачу <u>велике</u> озеро.
6. <u>Веселі</u> діти побігли на майданчик.
7. Такі <u>великі</u> комарі!
8. Маки — це <u>червоні</u> квіти.
9. Квіти червоні, а майдінчик <u>зелений</u>.
10. <u>Велика</u> коза йшла на майданчик.
11. У мене <u>червоний</u> змій.
12. Він сів на <u>зелене</u> крісло.

Вправи після стор. 76. Написати на поданих лініях під займенниками, до якого роду належать підкреслені прикметники.

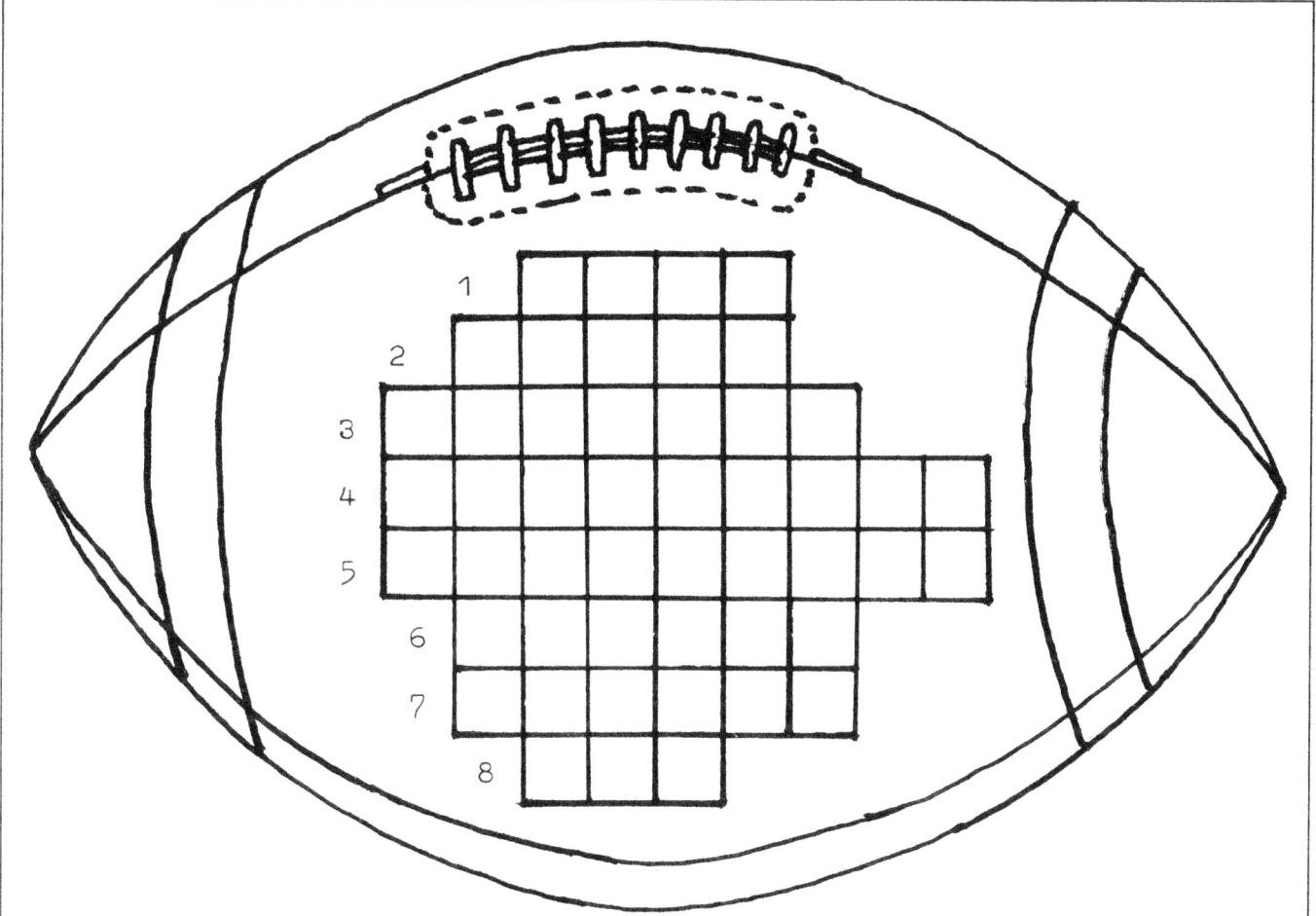

1. Що треба мати, щоб грати у футбол?
2. Хто дає гравцям кару?
3. Хто рятує ворота від ґолів?
4. Як називається гравець що грає у футбол?
5. Де грають у футбол?
6. Куди мусить полетіти м'яч, щоб був ґол?
7. Яку гру грають на майданчику?
8. Що забило козеня?

ґол	ворота	майданчику
м'яч	воротар	футболіст
футбол	суддя	

Вправи після сторінки 77.
Хрестиківка. Вписати слова, що відповідають на питання 1-8.
у відповідні клітинки на футболі.
Цю сторінку вчителька повинна вправляти з учнями, тому що тут
подаються нові слова, які відносяться до гри у футбол.

1. Хто забив ґол? _____
2. Хто приносить молоко? _____
3. Хто приносить листи? _____
4. Хто помагає, коли болить зуб? _____
5. Хто пече хліб? _____
6. Хто вчить про здоров'я? _____
7. Хто дістав змія з дерева? _____
8. Хто тримає дощечку з написом ,,стоп''? _____
9. Хто стримує авта на вулиці коли немає світлофора? _____
10. Хто прилетів до діда й баби в гості літаком? _____
11. Хто показав Петрові звідки молоко? _____
12. Хто хотів брати качата додому? _____

баба
тато й мама
молочар
пекар
дід
дантист
козеня
футболіст

листоноша
пожежник
медсестра
шкільний патруль
поліцист
дядько й тітка
Петро

Вправи після сторінки 77.
Прочитати питання й написати відповідне слово в поданих лінійках.

1. Жаби кажуть   спати
2. Рябко закричав   ква-ква
3. Жаби не дають   будки
4. Рябко пішов до   гав-гва-гва
5. Жаби затихли аж   не дають спати.
6. Дуже погано, коли жаби   до ранку

---

1. Рябко побіг до _____ .   озеро
2. В _____ були жаби.   озера
3. Це _____ велике.   озері

---

1. Він устав дуже _____ .   ранку
2. Жаби спали аж до _____ . рано

---

1. Велика зелена _____ скаче.   жаба
2. Юрко ловить зелену _____ .   жаби
3. Зелені _____ затихли.   жабу

---

1. Жаби не _____ спати.   дай
2. _____ мені книжку!   дає
3. Жаба не _____ спати.   дають

Вправи до стор. 75-79. Провести лінію від початку речення до відповідного закічення. Написати на порожньому місці відповідне подане слово.

анічичирк гав-гва-гва ква-ква	козеня коза козенята	поліцист станція футбол	дають улетів полетів
забити затихли затихло	свистіли кричали сміялися	пожежна пожежне пожежник	побігло помогло погано
грати робите бігали	дістану дістанемо дістав	побіг грають летять	його свого коли
вітер змій озера	бий бух гол	хотіло йшла раде	поможе приїхало роблять
Рябко радіо тварин	друзі закричав цитьте	знов знову ранку	дереві ворота голова

Вправи після стор. 79. Перевірка знання слів.
Вказівки на стор. 75.

1. Вони будуть _____ на фільм.
2. Оленка хоче _____ на капелюх.
   (дивитись   подивитися)
3. Діти _____ на Мурка.
4. Вони раптом _____.
   (кричали   закричали)
5. Він раптом _____ : — Ой, ой!
6. Юрко _____ на козеня.
   (кричить   закричав)
7. Той літак _____ високо.
8. Вони _____ далеко до діда.
   (летить   летять)
9. Я бачу, що тато _____.
10. Вони _____ далеко до діда.
    (летить   летіли)
11. Він _____ живий капелюх.
12. Чи ви _____, коли капелюх упав?
    (бачили   побачив)
13. Що він _____ робити?
14. Юрку, _____ сидіти на кріслі?
    (хочеш   хотів)
15. Капелюх _____ на Мурка.
16. Леся _____ у воду.
    (впала   упав)

Вправи після стор. 82. Написати на порожньому місці відповідне дієслово.

_____	капелюх	_____	козеня
_____	фарма	_____	сонце
_____	кінь	_____	гра
_____	соняшники	_____	горох
_____	котик	_____	зуб
_____	діти	_____	муха
_____	місто	_____	яйце
_____	дантист	_____	квіти
_____	човен	_____	озеро
	шапка	_____	мак
_____	діти	_____	чоботи
_____	поле	_____	маки
_____	авто	_____	тітка
_____	цукорки	_____	зайчик

малі	свіже	веселе
жовті	весела	велике
веселі	добра	гарні
білий	живий	синє
зелене	смішна	жовте
чорний	велика	добрі
великі	смішний	чорна
добрий	червоний	великий
червоні	гарний	зелений
нове		

Вправи після стор. 82. Написати на різковій лінії правильний поданий прикметник.

Малі помічники

Тарас і Василь пішли на _____ .

Там вони бачили _____ .

Хлопці принесли _____ ,

_____ і _____

до _____ .

— Будемо обідати, — каже мама.

— О, чи ми будемо їсти — _____ ?

спитала Оленка.

— Так, — відповіла мама.

Після обіду Леся мила _____ ,

_____ , і _____ ,

а Оленка почистила _____ .

Петро також помагав. Він приніс мамі _____ .

Вони всі малі, добрі помічники.

черевики	горох	капусту	ягня
тарілки	город	пиріг	хати
виделка	крісло	ложки	моркву

Вправи до стор. 85-91. Написати на порожньому місці відповідний поданий іменник.

1. З озера жаби   до озера.
2. Жаби не дають   дуже погано.
3. Рябко побіг   кажуть: — Ква-ква.
4. Рябко закричав: спати.
5. Біля озера   до ранку.
6. Жаби затихли   — Гав-гва-гва!

1. Муха сіла   підняти капелюх.
2. Капелюх упав   на капелюх.
3. Василь хотів   бо він лізе.
4. Капелюх поліз   під капелюх?
5. Капелюх живий   на Мурка.
6. Чи Мурко заліз   до Юрка.

1. Діти це   мамі на городі.
2. Тарас помагав   тарілки й ложки.
3. Леся мила   малі помічники.
4. Оленка почистила   бо діти *помагала
5. Чи Оленка помагала   мамі?
6. Мамі менше роботи,   свої черевики.

*Нове слово

він	вона	вони
помагав	помагала	*помагали

Вправи після стор. 86. Провести лінію від початку речення до відповідного закінчення.
Відповіді на стор. 76.

1. Червоне, зелене й жовте світло у
2. На городі ростуть
3. Муха сіла на
4. Зайчик любить їсти
5. Козеня хотіло грати у
6. Корова дає
7. Дід і баба живуть на
8. Капелюх упав на
9. Листоноша приносить
10. На городі була велика зелена
11. Тато й мама купили нове
12. На день народження Віра дістала

листи	фармі	соняшники
світлофорі	молоко	капелюх
Мурка	авто	футбол
жаба	моркву	подарунки

Вправи після сторінки 86.
Хрестиківка. Вписати у відповідну клітинку слова, що стосуються 1-12.

він	вона	воно	вони

світлофор	поле	цукорки	озеро
лист	індик	суконка	квітка
дерево	корова	півень	трактор
зуб	ягня	курчата	яйце
голова	маки	гра	риба
жаби	сніжка	бейсбол	гості
крісло	кури	школа	скакалка
капелюх	сонце	човен	авто
шапка	індики	подарунки	яйце

Вправи після стор. 87. Написати подані слова під займенниками, до яких вони стосуються.

☐ Хлопець побіг помагати бабі.
☐ Вони побачили, що баба раптом упала.
☐ Діти йшли біля майданчика.

☐ Козеня побігло на майданчик.
☐ Хлопці грають у футбол на майданчику.
☐ Козеня помогло забити гол.

☐ Мурко заліз під капелюх.
☐ Діти кричали, коли це побачили.
☐ Капелюх лізе та й лізе.

☐ — Це я, — сказав Петро.
☐ Дякую тобі, Петре. Ти добрий хлопець.
☐ Хто так гарно почистив черевики?

☐ Оленка бавилася надворі.
☐ Мама кличе: — Час обідати.
☐ Оленка їла хліб і пила молоко.

☐ —Можна йти, — сказали вони.
☐ Вони побачили світлофор — світло зелене.
☐ Хлопець і дівчина йшли до школи.

Вправи до стор. 88. Прочитати речення й написати числа за порядком розвитку дії.

1. Хто приносить нам пошту?
   _____ молоко

2. Хто дивився на зуби?
   _____ одинадцять

3. Скільки годин треба спати?
   _____ дантист

4. Що молочар приносить?
   _____ дерево

5. Куди полетів змій?
   _____ листоноша

6. Яка гра була на майданчику?
   _____ футбол

7. Що жаби кажуть?
   _____ ква-ква

8. Куди Рябко пішов спати?
   _____ будки

9. Що це за капелюх, що лізе?
_____ три
_____

10. Де Тарас помагав мамі?
_____ зелене
_____

11. Що Оленка почистила?
_____ шкільний
_____ патруль

12. Хто поміг бабі коли вона впала?
_____ козеня
_____

13. Хто поміг забити ґол?
_____ черевики
_____

14. Хто тримає дощечку на якій
    написано ,,стоп''? _____ хлопець

15. Скільки світел у світлофора?
_____ город/городі

16. Яке світло каже, що можна їхати
    і можна йти?_____ Мурко
_____

Вправи до стор. 88. Відповісти на запитання,
вживаючи подані слова.

1. Петро бавився біля басейну. Нарисуй басейн і те місце де Петро бавився.

2. Петро побачив Тараса й поліз у воду. Нарисуй, кого Петро побачив.

3. — Не лізь далеко у воду, — сказала мама. Нарисуй того, хто сказав: — ,,Не лізь у воду!''

4. Петро впав у воду. Нарисуй, що зробив Петро.

5. Коли Петро прийшов додому, що він зробив?

Вправи до стор. 89-91. Прочитати й нарисувати відповідний рисунок.

дивилася подивитися подивись	впадеш впаду упав	помагала помагав помагати	прийшов крикнув побачили
закричить закричали закричала	лізе заліз поліз	чистила почистила питала	тарілка ложки виделка
спитала запитала засміялися	муха котика мила	Мурка Мурку Мурко	вся які під
малі сам мамі	чому свої рибі	робила мила роботи	басейн басейні бавився
плюсь пішла ішла	капелюх черевики крісло	дівчина дівчині мамині	живий такий менше

Вправи після стор. 90. Перевірка знання слів. Вказівки на стор. 76.

☐ Я дивилося як хлопці грали у футбол на майданчику.

☐ Я працюю на пошті.

☐ Я помагав рибкам вилізти з води.

☐ Я дивлюся, чи діти мають здорові зуби.

☐ Хлопці кричали, коли я ліз до них.

☐ Я впав у воду, коли ліз у басейн.

☐ Я можу забити ґол!

Петро
1

Живий капелюх
2

козеня
3

Дантист
4

Листоноша
5

Вправи після стор. 92. Написати число рисунка, що стосується речення.

1.	Святий Миколай приїхав _____.	до хати на фарму до школи
2.	У день Святого Миколая _____ діти дістануть подарунки у школі.	чемні не чемні усі
3.	Петро взяв _____ до школи.	рибку торбу футбол
4.	Леся буде янгол і буде мати _____.	крила торбу капелюх
5.	У торбі Петро принесе для мами _____.	скакалку м'яч подарунок
6.	День святого Миколая святкуємо _____.	до Різдва після Різдва на Різдво

Вправи до стор. 94-98. Написати на порожньому місці одне з відповідей, поданих у квадраті.

1. Що це за вечір сьогодні?
   _____
   _____

2. Куди діти поїхали?
   _____
   _____

3. Що там у хаті стояло?
   _____
   _____

4. Що було там на столі?
   _____
   _____

5. Коли можна вечеряти на Свят-вечір?
   _____
   _____

6. Що вони заспівали?
   _____
   _____

дідух	Бог Предвічний	кутя
зірку/зірка	Свят-вечір	ялинка
діда	калач	риба
вареники	бабки/паски	побачили

Вправи після стор. 96. Вживайте подані слова й напишіть відповіді під реченнями.

7. Скільки страв стоїть на столі у Свят вечір?
   _____
   _____

8. Коли до них прийдуть колядники?
   _____
   _____

9. Коли хлопці йдуть посівати?
   _____
   _____

10. Коли дід ішов посівати, то що він брав у торбу?
    _____
    _____

11. Куди всі їхали після Святої Вечері?
    _____
    _____

12. Що вони будуть робити у церкві?
    _____
    _____

церкви	колядувати	торбу
пшениці	Новий Рік	завтра
	дванадцять	

Вправи після стор. 96. Вживайте подані слова й напишіть відповіді під реченнями.

Нарисуй і малюй.

Хата на фармі. У хаті дідух і гарна ялинка. На столі тарілки, ложки і виделка. Також на столі є калач, кутя, вареники й риба. Біля столу стояли тато, мама, дід і баба.

А Тарас, Леся й Петро чекають біля вікна, щоб побачити першу зірку.

Вправи після стор. 96. Прочитати, нарисувати та замалювати.

1. Тарас Шевченко жив багато _____ тому.	послухати
2. Він жив в _____ .	малював
3. Тарас Шевченко писав _____ .	співати
4. Він також _____ .	Україні
5. Діти вчилися співати _____ .	написав
6. Вони будуть співати на свято Тараса _____ .	років
7. Леся буде _____ вірш, який _____ Тарас Шевченко.	казати
8. _____ — це книжка віршів, що написав Тарас Шевченко.	,,Кобзар''
9. Діти будуть _____ пісні на пошану Тараса Шевченка.	Шевченка
10. Мама й тато поїдуть _____, як діти співають.	пісні
	вірші

Вправи після стор. 106. Написати на порожньому місці відповідне подане слово.

1. Тарас Шевченко пасе ягнята. Нарисуй ягнята.
2. Скільки ягнят він пасе? _____.
3. Скільки років було Шевченкові, коли він пас ягнята? _____
4. Як що сонце сіяло тоді коли Шевченко пас ягнята, намалюй сонце.
5. Шевченко не має капелюха. Намалюй капелюх.

Вправи після стор. 106. Нарисувати й намалювати те, що подане в реченнях 1, 4, і 5; написати на порожньому місці відповіді на питання 2 і 3.

1. Леся й Тарас пишуть писанки.
   Дівчата пишуть писанки.

2. Петро тримає писанку.
   Петро тримає рябу крашанку.

3. Баба спекла багато хліба.
   Баба спекла бабку й паску.

4. Діти граються і співають гаївки біля церкви.
   Діти бавляться у школі.

5. Хлопці бавляться м'ячиками.
   Хлопці цокаються крашанками.

6. Паска в кошику готова до посвячення.
   У кошику багато хліба.

Вправи після стор. 111. Підкреслити те речення, що найкраще пояснює рисунок.

Різдво ☐1   Великдень ☐2   Новий Рік ☐3

1. Хлопці ходять посівати. ☐
2. Ходять колядники. ☐
3. Печуть бабки й паски. ☐
4. У хаті стоїть дідух. ☐
5. Беруть пшениці в торбу та йдуть від хати до хати посівати. ☐
6. Цокаються крашанками. ☐
7. Їдять кутю. ☐
8. Ідуть бавитися біля церкви. ☐
9. Ходять від хати до хати із звіздою. ☐
10. Ідуть до церкви святити паски. ☐
11. Співають у церкві ,,Бог Предвічний...'' ☐
12. Кажуть у хаті: — Сію, сію, посіваю... ☐
13. Кажуть: — Сійся, родися, жито пшениця... ☐
14. Співають гаївки та граються біля церкви. ☐
15. Дзвони дзвонять: — Христос воскрес! ☐

Вправи після стор. 111. Написати число 1, 2 або 3 в порожньому квадратикові, щоб відповідало, коли це діється.

слухали заспівали давали	служить смачні спитав	прийдуть любить люблять	малий вчилися всякий
роздавав рахував розказав	столі стояли співали	посвятимо помагаю поздоровляю	посівати посіваю посівають
Україні українці Україна	років відповів віршів	гаївки гралися гроші	казали писали давали
крашанка крашанку крашанки	паски писанки писали	бабки баби бабі	книжку Кобзар казав
дзвони дзвонили відповіли	Христос воскрес! Воістину воскрес! Великдень	колядують колядники колядувати	Христос народився! Христос воскрес! Бог предвічний
уранці пшениці праці	хаті які наші	писали паска праці	ряба спекла паска

Вправи після стор. 111. Перевірка знання слів.
Вказівки на сторінці 76.

1. У мамин день ми даємо квіти й подарунки _____.

2. Чемні діти дістануть поданунки на день _____.

3. Діти вчаться віршів і співають пісні на пошану _____.

4. На Різдво ми кажемо _____ _____, а відповідаємо _____.

5. Віра принесла писанку й каже до Лесі: — _____ А Леся відповіла: — _____ Дякую тобі за гарну писанку.

6. Сьогодні у діда іменини. Леся, Тарас і Петро стояли біля діда і співали йому _____.

Славіте його!	многі літа
Воїстину воскрес!	мамі
Христос воскрес!	святого Миколая

Тарас Шевченко
Христос народився!

Вправи після стор. 114. Написати на порожньому місці відповідне слово.

1	тітка
2	Петро
3	дід
4	Віра
5	пожежник
6	дантист

◯ Я вам принесла писанки.

◯ Я беру торбу. Може святий Миколай дасть подарунок для вас, мамо.

◯ І я колись ходив посівати.

◯ На, Васильку, змія. Іди бавитися, але далеко від дерева.

◯ Ягня п'є, поросята п'ють. Час і нам обідати.

◯ У тебе, Оленко, всі зуби здорові.

Вправи після стор. 114. Зазначіть числом, хто говорить.

1. Один малий _____ не може тебе підняти.
   (бальонів   бальон   бальони)

2. Треба багато малих бальонів, щоб тебе _____ .
   (піднімуть   підняли)

3. Петро бачив у книжці, що бальон може _____ .
   (летіти   летить   летів)

4. — Летить, летить, — каже Петро, — ти _____ , як я буду летіти.
   (побачиш   побачив   побачити)

5. — Що ти _____ Петре? — питає Тарас.
   (робити   робиш   робила)

6. Ти казав, що бальони не піднімуть мене й _____ зайчика.
   (мого   мої   моє)

Вправи до стор. 116-118. Написати на порожньому місці відповідне слово.

ДО ВЧИТЕЛІВ

1. Розуміння тексту за допомогою рисунків.
2. Правильне вживання слів ,,коло'' і ,,біля''.
3. Правильне вживання поданих слів у реченнях.
4. Виконання вказівок.
5. Правильне вживання займенників.

дзвінок	дошка	морозиво	рукавиці
ґудзик	капуста	молоко	книжки
котик	риба	авто	коржик
вовк	жаба	порося	очі
хліб	Віра	масло	сніжки
візок	крейда	місто	чоботи
зайчик	сніжка	вікно	поросята
торт	книжка		забавки
гарбуз	кляса		зуби
пиріг	дівчина		діти
дощ	баба		подарунки

6. Розуміння й правильне вживання слів.
7. Правильне вживання прикметника з іменником.
8. Перевірка знання слів.

мої	гарні	малюєш	зелене
іменини	будую	велику	твоя
ім'я	дерева	ви	дивитися
дуже	смішний	день	червоні
Лялі	сьогодні	гукає	яке

9. Розуміння тексту за допомогою рисунків.
10. Правильне вживання займенників.
11. Правильне вживання поданих слів у реченнях.
12. Зробити правильне рішення до відповідного закінчення речення.
13. Зрозуміння і правильне вживання слів.
14. Перевірка знання слів.

озері	будь	нову	одягни
бо	лізь	синє	заплакала
велике	будемо	падає	сідають
човен	жовту	зробив	суконку
будь	Віри	стояти	подарунок

15. Пояснення поступового розвитку дії.
16. Правильне розуміння дієслів.

17. Правильне вживання слів.
18. Хрестиківка.
19. Розпізнавання слів за допомогою рисунків.
20. Розуміння тексту за допомогою рисунків.
21. Перевірка знання слів.

дядько	веселі	гарний	майданчику
таке	нами	як	гойдатися
верхи	корова	ходіть	молочар
граєте	кидали	були	приїхали
обідають	цур	йдуть	купуємо

22. Правильне вживання прикметників.
23. Правильне вживання слів в однині та множині.
24. Зробити правильне рішення до відповідного закінчення речення.
25. Правильне вживання дієслів.
26. Розвиток дії.
27. Правильне вживання дієслів у минулому часі.
28. Перевірка знання слів.

курчата	приїдемо	слухав	побігли
комарі	вийшла	ідемо	сир
світлофор	соняшники	зайшло	говорив
городі	сміється	свіже	яйце
по	весело	маєш	брати

29. Розуміння заперечних часток ,,так'' і ,,ні''.
30. Зробити правильне рішення.
31. Розуміння тексту допомогою рисунків.
32. Правильне вживання слів в однині та множині.
33. Правильна відміна іменників.
34. Правильне вживання прикметників.
35. Правильне вживання дієслів.
36. Правильне вживання займенників.
37. Правильне вживання дієслів.
38. Знання слів в однині і множині.

однина	множина
листоноша	соняшники
медсестра	помічники
світлофор	маки
станція	мухи
соняшник	листи
крісло	світла
зуб	зуби
патруль	коні
дантист	години
світло	комарі
сонце	
кошик	
пошта	
лист	

39. Перевірка знання слів.

листоношу	дантист	бере
буди	кажи	показує
везуть	поздоровляти	собі
написано	прийшли	дітям
дощечку	виросте	якій

40. Розуміння тексту.
41. Зробити правильне рішення.
42. Знання протилежних значенням слів.
43. Робити висновки.
44. Розпізнання до якого роду належать прикметники.
45. Хрестиківка.
46. Правильне писання слів.
47. Зробити правильне рішення. Правильне вживання слів.
48. Перевірка знання слів.

гав-гва-гва	козенята	поліцист	полетів
затихли	сміялися	пожежне	побігло
бігали	дістанемо	побіг	його
змій	бий	йшла	роблять
Рябко	цитьте!	знов	голова

49. Правильне вживання дієслів.
50. Правильне вживання прикметників

живий	весела
велика	жовте
чорний	добра
великі	зелений
смішний	білий
малі	чорна
велике	свіже
добрий	жовті
великий	синє
смішна	червоний
веселі	гарні
зелене	червоні
нове	весела
добрі	гарний

51. Правильне вживання іменників за допомогою малюнків.
52. Зробити правильне рішення.
53. Хрестиківка.
54. Розпізнання, до якого роду належать прикметники.
55. Послідовність розвитку дій.
55-57. Правильне вживання речення у відповіді на запитання.
58. Розуміння тексту.
59. Перевірка знання слів.

подивитися	впадеш	помагати	крикнув
закричали	поліз	почистила	тарілка
засміялися	муха	Мурка	які
сам	чому	робити	басейн
ішли	капелюх	мамині	такий

60. Розуміння тексту.
61. Розуміння правильного вживання відповідного слова в реченні.
62-63. Правильне вживання речення у відповіді на запитання.
64. Виконання вказівок.
65. Зрозуміння й правильне вживання слів.
66. Виконання вказівок.
67. Докладне звернення уваги на рисунки.
68. Розуміння звичаїв.
69. Перевірка знання слів.

заспівали	служить	любить	всякий
роздавав	стояли	поздоровляю	посівати
українці	віршів	гаївки	давали
крашанки	писанки	бабки	Кобзар
дзвони	Христос воскрес!		
		колядники	Христос народився!
пшениці	які	праці	спекла

70. Зробити правильне рішення.
71. Пригадати події.
72. Правильне вживання слів.
73-76. До вчителів.

www.ingramcontent.com/pod-product-compliance
Lightning Source LLC
Chambersburg PA
CBHW081421080526
44589CB00016B/2617